8급한자 50자 쓰기

漢字
8급 한자
따라쓰기

어린이 한자교육원 편

권말부록
한자능력검정시험
-8급-

Little 신인류

한자의 3요소

한자(漢字)를 만드는 데는, **모양(형;形)·소리(음;音)·뜻(훈;訓)** 의 세 가지가 반드시 있어야 합니다. 이것을 '한자의 3요소' 라고 합니다.

한자가 만들어진 과정

한자(漢字)가 생기게 된 것은 다음과 같은 발전 과정이 있었기 때문입니다. 이것을 '六書(육서)' 라고 합니다. 즉, 한자의 구조 및 사용에 관한 여섯 가지 구별되는 명칭으로, 한자의 구조를 이해하는데 도움이 될 것입니다.

① 상형문자(象形文字)

모양을 본뜬다는 뜻으로, 사물의 모양이나 특징을 본떠서 만든 글자입니다.

메 산(山) 자는 산 모양을 그대로 단순화 시켜서 만든 글자입니다.

② 지사문자(指事文字)

손가락 글자라는 뜻으로, 눈에 보이지 않는 생각이나 뜻을 나타낸 글자입니다.

위를 가리키는 '상(上)' 은 기준이 되는 선 위에 물체가 있다는 뜻입니다.

③ 회의문자(會意文字)
상형문자나 지사문자 등 이미 만들어진 글자를 합하여 만든 글자로, 뜻과 뜻을 합하여 새롭게 만든 글자입니다.

木 (나무 목) + 木 (나무 목) = 林 (수풀 림)

나무와 나무들이 모여서 수풀을 이룬다는 뜻입니다.

④ 형성문자(形聲文字)
뜻과 소리를 나타내는 두 글자가 합쳐진 글자입니다.

青 (푸를 청) + 氵(물 수 변) = 淸 (맑을 청)

물이 푸르다, 곧 맑다는 뜻과 청의 음을 합친 글자입니다.

⑤ 가차문자(假借文字)
글자의 뜻에 관계없이 소리만 빌어서 만든 글자입니다.

ASIA (아시아) = 亞細亞 (아세아)

아시아라는 대륙 이름을 한자로 쓴 것으로, 한자의 뜻으로 보면 전혀 맞지 않습니다. 가차문자는 주로 외래어를 표기할 때 쓰입니다.

⑥ 전주문자(傳注文字)
같은 모양의 글자가 본래의 뜻과 다르게 쓰이는 글자입니다.

樂
- 악 : 풍류 악(본래의 뜻)
- 락 : 즐길 락
- 요 : 좋아할 요

惡
- 악 : 악할 악(본래의 뜻)
- 오 : 미워할 오

위의 두 글자는 본래의 뜻과 다르게 음과 뜻이 다르게 쓰였습니다.

한자의 획

획 : 점과 선을 말합니다. 한자를 쓸 때 연필을 한 번 대었다가 뗄 때까지 그은 점이나 선을 한 획으로 계산합니다.
획수 : 글자를 쓸 때 획의 수를 뜻합니다.
총획 : 한 글자를 쓸 때 모두 몇 획으로 이루어져 있는가를 말합니다.

(나무 목의 경우) 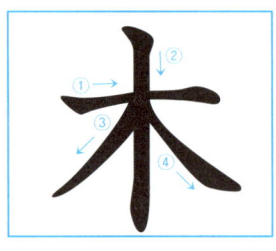 총획은 4획

한자를 쓰는 순서

한자(漢字)를 쓰는 순서를 '획순(劃順)' 혹은 '필순(筆順)'이라고 합니다.
손으로 글자를 쓸 경우 그 글자를 어디서부터 쓰기 시작하여 어떻게 완성해 가는 가에 대한 순서입니다.
필순은 반드시 지켜야 하는 법은 없지만, 습관을 들이면 보기 좋은 글자를 쓸 수 있고 바르고 정확하게 쓸 수 있습니다.

필순은 크게 몇 가지 원칙이 있습니다.

① 가로의 경우, 왼쪽에서 오른쪽으로,
② 세로의 경우, 위에서 아래로,
③ 가로 세로가 섞여 있는 경우에는, 대부분 가로를 먼저 씁니다.

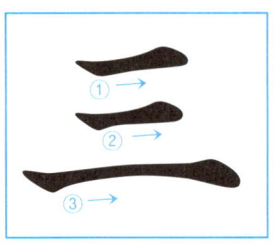 ①②의 경우   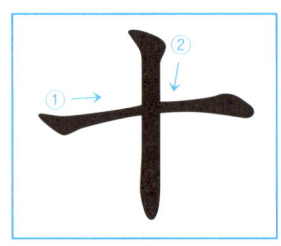 ③의 경우

부수의 의미

信 伸 代 仁 仙

　위의 한자를 보면, 모든 글자 왼쪽에 'イ(사람 인)'이 있는 것을 볼 수 있습니다. 이처럼 글자에 공통적으로 들어가는 글자가 바로 **'부수'** 입니다.
　부수는 많은 한자를 구분하는데 기준이 되기 때문에 한자에서는 아주 중요합니다. 흔히 한자 사전(옥편)을 펼쳐 보았을 때 안 표지에 나열된 것이 부수들입니다.

부수의 종류

① 부수의 모양
　부수는 쓰임에 따라서 원래의 글자 모양이 바뀌고 이름도 달라집니다. 대표적인 예로 다음과 같은 것들이 있습니다.

원형	부수로 쓰일 때	뜻과 음	원형	부수로 쓰일 때	뜻과 음
人	イ	사람 인	水	氵	물 수
心	忄	마음 심	刀	刂	칼 도

② 부수의 종류와 이름

변 : 글자 왼쪽에 있는 부수 　　믿을 신 信(イ 사람 인변)		엄 : 위에서 아래쪽에 있는 부수 　　병들 병 病(疒 병질 엄)	
방 : 글자 오른쪽에 있는 부수 　　떼 부 部(阝 우부방)		받침 : 왼쪽에서 아래에 있는 부수 　　길 도 道(辶 책받침)	
머리 : 글자 위쪽에 있는 부수 　　집 우 宇(宀 갓머리, 집 면)		몸 : 글자를 에워싸고 있는 부수 　　그림 도 圖(口 큰입 구몸, 에울 위)	
발 : 글자 아래쪽에 있는 부수 　　생각할 사 思(心 마음 심발)		제부수 : 글자 자체가 부수 　　말 마 馬(馬 말 마 부수)	

달 '월(月)'

月

훈 : 달
음 : 월 / 총획 : 4획
부수 : 月 (제 부수)

月月月月

月	月	月	月	月
달 월				
月	月	月	月	月

낱말쓰임 월(月)

정월(正月) : 한 해의 첫째 달. 1월의 다른 말
월광(月光) : 달에서 비쳐내리는 빛. 달빛

불 '화 (火)'

훈 : 불
음 : 화 / 총획 : 4획
부수 : 火 (제 부수)

火火火火

火	火	火	火	火
불 화				
火	火	火	火	火

낱말쓰임 화(火)
- **화산**(火山) : 땅 속 마그마가 밖으로 나와 굳어버린 산
- **소화**(消火) : 불을 끔. 소화기(消火器)

물 '수 (水)'

水

훈 : 물, 고르다
음 : 수 / 총획 : 4획
부수 : 水 (제 부수)

水水水水

水	水	水	水	水
물 수				
水	水	水	水	水

낱말쓰임 수(水)

수영(水泳) : 물에서 헤엄을 치는 일. 수영장(水泳場)
홍수(洪水) : 비가 많이 와서 강이나 둑이 넘친 물

나무 '목 (木)'

훈 : 나무
음 : 목 / 총획 : 4획
부수 : 木 (제 부수)

木木木木

木	木	木	木	木
나무 목				
木	木	木	木	木

낱말쓰임 목(木)

목마(木馬) : 나무로 만든 말
원목(原木) : 베어낸 그대로 아직 다른 가공을 하지 않은 나무

쇠 '금 (金)'

金

훈 : 쇠, 성씨
음 : 금, 김 / 총획 : 8획
부수 : 金 (제 부수)

金金金金金金金金

金	金	金	金	金
쇠 금				
金	金	金	金	金

낱말쓰임 금(金)

김씨(金氏) : 우리나라의 성씨 중 김씨
상금(賞金) : 상으로 주는 돈

흙 '토 (土)'

훈 : 흙, 뿌리
음 : 토 / 총획 : 3획
부수 : 土 (제 부수)

土 土 土

土	土	土	土	土
흙 토				
土	土	土	土	土

낱말쓰임 토(土)
- 토기(土器) : 옛날 고대에 쓰인던 흙으로 만든 그릇
- 황토(黃土) : 누렇고 거무스름한 흙

날 '일 (日)'

日

- 훈 : 날, 해
- 음 : 일 / 총획 : 4획
- 부수 : 日 (제 부수)

日 日 日 日

日	日	日	日	日
날 일				
日	日	日	日	日

낱말 쓰임 일(日)

일기(日記) : 그날 그날 겪은 일이나 감상 등을 적은 개인의 기록
휴일(休日) : 일을 하지 않고 쉬는 날

큰 '대 (大)'

훈 : 크다, 대강

음 : 대, 태 / **총획** : 3획

부수 : 大 (제 부수)

大大大

大	大	大	大	大
큰 대				
大	大	大	大	大

낱말쓰임 대(大)

대학(大學) : 학술의 연구 및 교육의 최고 기관
거대(巨大) : 엄청나게 큼

가운데 '중 (中)'

훈 : 가운데, 맞다
음 : 중 / 총획 : 4획
부수 : ㅣ (뚫을 곤)

中中中中

中	中	中	中	中
가운데 중				
中	中	中	中	中

낱말쓰임 중(中)
적중(的中) : 화살 따위가 목표물에 맞음
수중(水中) : 물 속, 물 가운데

작을 '소(小)'

훈 : 작다, 좁다
음 : 소 / 총획 : 3획
부수 : 小 (제 부수)

小小小

小	小	小	小	小
작을 소				
小	小	小	小	小

낱말쓰임 소(小)
소아(小兒) : 어린 아이
축소(縮小) : 줄여서 작게 하는 것

한 '일 (一)'

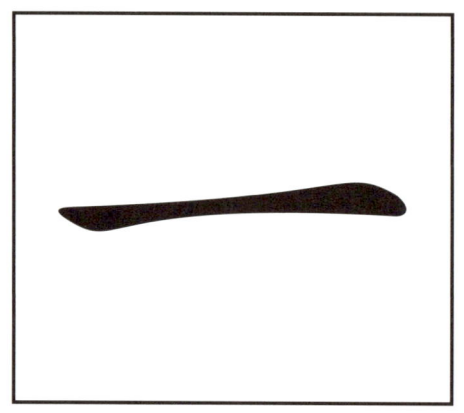

훈 : 하나
음 : 일 / 총획 : 1획
부수 : 一 (제 부수)

一					
	一	一	一	一	一
한 일					
	一	一	一	一	一

낱말 쓰임 일(一)   일생(一生) : 살아 있는 동안
동일(同一) : 다른 데가 없고 하나같이 똑같음

두 '이 (二)'

훈 : 둘
음 : 이 / 총획 : 2획
부수 : 二 (제 부수)

二 二

二	二	二	二	二
두 이				

낱말 쓰임 **이(二)**
이십(二十) : 스물. 단위의 수
이중(二重) : 겹침. 두 겹

17 - 8급한자

석 '삼 (三)'

훈 : 셋
음 : 삼 / 총획 : 3획
부수 : 一 (한 일)

三 三 三					
三	三	三	三	三	三
석 삼					
	三	三	三	三	三

낱말쓰임 **삼(三)**
삼각(三角) : 세모, 삼각형의 준말
삼면(三面) : 세 방면. (우리나라는 삼면이 바다입니다.)

넉 '사 (四)'

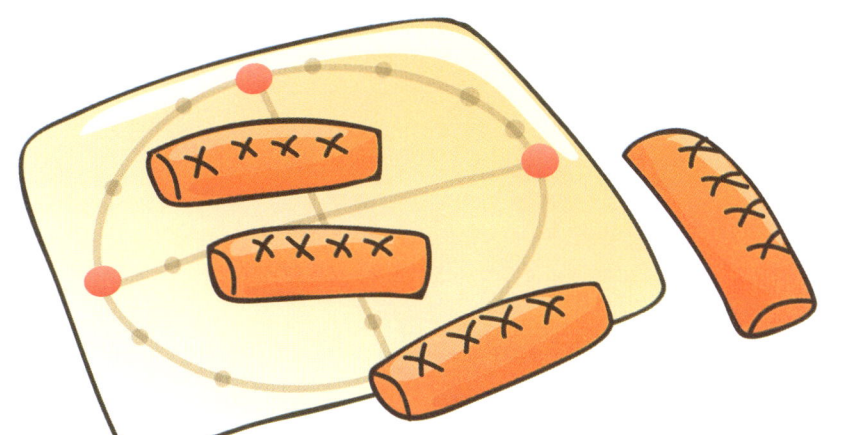

훈 : 넷, 사방

음 : 사 / 총획 : 5획

부수 : 口 (큰입 구)

四四四四四

四	四	四	四	四
넉 사				
四	四	四	四	四

낱말쓰임 **사(四)**
- **사계(四季)** : 봄, 여름, 가을, 겨울의 네 계절
- **사방(四方)** : 동서남북의 네 방향

다섯 '오 (五)'

五

훈 : 다섯
음 : 오 / 총획 : 4획
부수 : 二 (두 이)

五五五五

五	五	五	五	五
다섯 오				
五	五	五	五	五

낱말쓰임 오(五)

오목(五目) : 바둑판을 이용한 놀이
오감(五感) : 시각, 촉각, 후각, 미각, 청각의 다섯 감각

여섯 '육 (六)'

훈 : 여섯, 타이르다
음 : 육 / 총획 : 4획
부수 : 八 (여덟 팔)

六六六六

六	六	六	六	六
여섯 육				
六	六	六	六	六

낱말쓰임 육(六)
- 육순(六旬) : 60번째 생일. 예순이 되는 날
- 육촌(六寸) : 사촌들이 낳은 자식들 간의 친척 사이

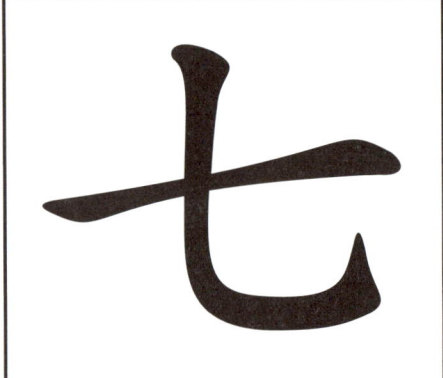

일곱 '칠 (七)'

- 훈 : 일곱
- 음 : 칠 / 총획 : 2획
- 부수 : 一 (한 일)

七七

七	七	七	七	七

일곱 칠

七	七	七	七	七

낱말쓰임 칠(七)

칠순(七旬) : 70번째 생일. 일흔이 되는 날
칠성(七星) : 일곱 개의 별. 북두칠성(北斗七星)의 준말

여덟 '팔(八)'

훈 : 여덟
음 : 팔 / 총획 : 2 획
부수 : 八 (제 부수)

八八					
八	八	八	八	八	八
여덟 팔					
	八	八	八	八	八

낱말쓰임 팔(八)

십중팔구(十中八九) : 열 개 중에서 여덟, 아홉 개라는 뜻으로, 거의 예외 없이 그러할 것이라는 추측

팔순(八旬) : 80번째의 생일. 여든이 되는 날

九

아홉, 모을 '구(九)'

훈 : 아홉, 모으다
음 : 구 / 총획 : 2획
부수 : 乙 (새 을)

九九				
九	九	九	九	九
아홉 구				
九	九	九	九	九

낱말쓰임 구(九)

구사일생(九死一生) : 여러 차례 죽을 고비를 겪고 겨우 살아남
구구단(九九段) : 구구법을 일상적으로 이르는 말

열, 완전할 '십 (十)'

훈 : 열, 완전하다
음 : 십 / 총획 : 2획
부수 : 十 (제 부수)

十					
	十	十	十	十	十
열 십					
	十	十	十	十	十

낱말쓰임 십(十)
- **십대(十代)** : 10세 에서 19세까지의 연령, 그 세대
- **십자(十字)** : 열십자의 모양을 한 것

동녘, 오른쪽 '동(東)'

훈: 동녘, 오른쪽
음: 동 / **총획**: 8획
부수: 木 (나무 목)

東東東東東東東東

東	東	東	東	東
동녘 동				
東	東	東	東	東

낱말쓰임 동(東)

동해(東海): 동쪽 바다. 동쪽에 있는 바다
동양(東洋): 지구상의 동쪽 아시아 일대

서녘, 서양 '서(西)'

훈 : 서녘, 서양
음 : 서 / 총획 : 6획
부수 : 襾 (덮을 아)

西西西西西西

西	西	西	西	西
서녘 서				
西	西	西	西	西

낱말쓰임 서(西)

서해(西海) : 서쪽에 있는 바다
서양(西洋) : 동양에서, 유럽과 미주의 여러 나라를 이르는 말

남녘, 앞 '남 (南)'

南

- 훈 : 남녘, 앞
- 음 : 남 / 총획 : 9획
- 부수 : 十 (열 십)

南南南南南南南南南

南	南	南	南	南
남녘 남				
南	南	南	南	南

낱말쓰임 남(南)
- 남해(南海) : 남쪽에 있는 바다
- 남극(南極) : 지구의 중심에서 아래쪽인 남쪽 끝

북녘, 달아날 '북, 배 (北)'

훈 : 북녘, 달아나다
음 : 북, 배 / 총획 : 5획
부수 : 匕 (비수 비)

北 北 北 北 北 北

北	北	北	北	北
북녘 북	달아날 배			

낱말쓰임 북(北)

북한(北韓) : 휴전선 이북의 한국
패배(敗北) : 싸움 혹은 전쟁이나 겨루기에서 짐

아비 '부 (父)'

父

훈 : 아비(아버지)
음 : 부 / 총획 : 4획
부수 : 父 (제 부수)

父父父父

父	父	父	父	父
아비 부				
父	父	父	父	父

낱말쓰임 부(父)

부모(父母) : 아버지와 어머니
부친(父親) : 아버지를 정중히 이르는 말

어미, 할미 '모 (母)'

훈 : 어미, 할미
음 : 모 / 총획 : 5획
부수 : 母 (말 무)

母 母 母 母 母

母	母	母	母	母
어미 모				
母	母	母	母	母

낱말쓰임 모(母)

모녀(母女) : 어머니와 딸
모자(母子) : 어머니와 아들
모유(母乳) : 제 어머니의 젖

兄

맏, 어른 '형 (兄)'

- 훈 : 맏, 어른
- 음 : 형 / 총획 : 5획
- 부수 : 儿 (어진사람 인)

兄兄兄兄兄

兄	兄	兄	兄	兄
맏, 어른 형				
兄	兄	兄	兄	兄

낱말쓰임 형(兄)

형제자매(兄弟姉妹) : 형, 언니, 아우, 여동생을 모두 통틀어 이르는 말

아우, 제자 '제(弟)'

훈 : 아우, 제자
음 : 제 / 총획 : 7획
부수 : 弓 (활 궁)

弟弟弟弟弟弟弟

弟	弟	弟	弟	弟
아우, 제자 제				
弟	弟	弟	弟	弟

낱말쓰임 제(弟)

제자(弟子) : 스승의 가르침을 받거나 받은 사람
사제(師弟) : 스승과 제자

확인 학습 문제

1. 다음 한자와 그림, 훈과 음이 서로 맞게 연결하세요.

2. 빈 칸에 맞는 한자를 <보기>에서 찾아 쓰세요.

<보기>　　父母兄弟

① '부모 ☐ ☐ '는 아버지와 어머니를 뜻합니다.

② '형제 ☐ ☐ '는 '형과 아우'라는 뜻입니다.

확인 학습 문제

3. 빈 칸에 맞는 한자를 <보기>에서 찾아 쓰세요.

<보기> 月 火 水 木 金 土 日

① '불'의 뜻을 가진 ☐ 는 '화'라고 읽습니다.

② '물'의 뜻을 가진 ☐ 는 '수'라고 읽습니다.

③ '목'이라고 읽는 ☐ 는 '나무'라는 뜻입니다.

4. 비슷한 한자 중에 그림이 가리키는 한자를 고르세요.

아홉 구

날 일  ①  ②  ③

흙 토  ①  ② 士 ③ 王

學

배울, 학문 '학 (學)'

- 훈 : 배우다, 학문
- 음 : 학 / 총획 : 16획
- 부수 : 子 (아들 자)

學學學學學學學學學學

學	學	學	學	學
배울 학				
學	學	學	學	學

낱말쓰임 학(學)

- **학생**(學生) : 학교에서 공부하는 사람
- **수학**(數學) : 수를 공부하는 학문

학교, 교정할 '교 (校)'

훈 : 학교, 교정하다
음 : 교 / 총획 : 10획
부수 : 木 (나무 목)

校校校校校校校校校校

校	校	校	校	校
학교 교				
校	校	校	校	校

낱말쓰임 교(校)

교가(校歌) : 그 학교의 특징을 살려 학생들에게 부르게 하는 노래
학교(學校) : 학생을 모아 교사가 교육하는 곳

가르칠, 훈계할 '교 (教)'

教

- 훈 : 가르치다, 훈계하다
- 음 : 교 / 총획 : 11획
- 부수 : 攵 (등글월 문)

教教教教教教教教教教

教	教	教	教	教
가르칠 교				

낱말 쓰임 교(教)

교사(教師) : 학생을 가르치는 사람
종교(宗教) : 신을 믿고 숭배하며 마음의 평안을 갖는 체제

집, 아내 '실(室)'

훈 : 집, 아내
음 : 실 / 총획 : 9획
부수 : 宀 (갓머리)

室室室室室室室室室

室	室	室	室	室
집 실				
室	室	室	室	室

낱말쓰임 실(室)
- **실내(室內)** : 방 안, 집 안
- **교실(教室)** : 유치원이나 학교에서 주로 학습 활동이 이루어지는 방

한국 한, 나라 한 '한 (韓)'

韓

훈 : 한국 한, 나라 한
음 : 한 / 총획 : 17획
부수 : 韋 (가죽 위)

韓韓韓韓韓韓韓韓韓韓

韓	韓	韓	韓	韓
한나라 한				

낱말 쓰임 한(韓)

한복(韓服) : 우리 나라 고유의 전통 의상
대한(大韓) : '대한민국(大韓民國)'의 준말

나라, 고향 '국(國)'

훈 : 나라, 고향
음 : 국 / 총획 : 11획
부수 : 囗 (큰입 구)

國國國國國國國國國國國

國	國	國	國	國
나라 국				
國	國	國	國	國

낱말 쓰임 국(國)
국어(國語) : 자기 나라의 언어, 말
한국(韓國) : '대한민국(大韓民國)'의 준말

푸를, 젊을 '청 (靑)'

靑

훈 : 푸르다, 젊다
음 : 청 / 총획 : 8획
부수 : 靑 (제 부수)

靑靑靑靑靑靑靑靑

靑	靑	靑	靑	靑
푸를 청				
靑	靑	靑	靑	靑

날말쓰임 청(靑)
청소년(靑少年) : 청년과 소년을 아울러 이르는 말
청색(靑色) : 푸른 빛깔, 파란 색

해, 나이 '년/연 (年)'

훈 : 해, 나이

음 : 년, 연 / 총획 : 6획

부수 : 干 (방패 간)

年年年年年年

年	年	年	年	年
해 년				
年	年	年	年	年

낱말쓰임 년(年)

풍년(豊年) : 곡식이 잘 자라고 잘 여물어 평년보다 수확이 많은 해
연간(年刊) : 일 년에 한 번씩 발행하는 간행물

먼저, 앞설 '선 (先)'

先

훈 : 먼저, 앞서다
음 : 선 / 총획 : 6획
부수 : 儿 (어진사람 인)

先先先先先先

先	先	先	先	先
먼저 선				
先	先	先	先	先

낱말쓰임 선(先)

선생(先生) : 가르치는 사람, 교사
선조(先祖) : 집안의 시조, 조상

날, 살 '생 (生)'

훈 : 낳다, 살다
음 : 생 / 총획 : 5획
부수 : 生 (제 부수)

生生生生生

生	生	生	生	生
날 생				
生	生	生	生	生

낱말쓰임 생(生)
생일(生日) : 태어난 날
생명(生命) : 살아 있는 목숨

군사, 진칠 '군 (軍)'

軍

훈 : 군사, 진치다
음 : 군 / 총획 : 9획
부수 : 車 (수레 거)

軍軍軍軍軍軍軍軍軍

軍	軍	軍	軍	軍
군사 군				
軍	軍	軍	軍	軍

낱말 쓰임 군(軍)

군인(軍人) : 군적에 있는 사람을 통틀어 이르는 말
해군(海軍) : 해상의 국방을 위한 군대

사람, 인품 '인 (人)'

훈 : 사람, 인품
음 : 인 / 총획 : 2획
부수 : 人 (제 부수)

人人					
人	人	人	人	人	人
사람 인					
	人	人	人	人	人

낱말쓰임 인(人)

인형(人形) : 사람의 형상을 본떠 만든 장난감
시인(詩人) : 시를 짓는 사람

일만, 벌 '만 (萬)'

萬

훈 : 일만, 벌
음 : 만 / 총획 : 13획
부수 : 巾 (수건 건)

萬萬萬萬萬萬萬萬萬萬

萬	萬	萬	萬	萬
일만 만				
萬	萬	萬	萬	萬

낱말쓰임 만(萬)
- 만세(萬歲) : '성공·승리'의 기쁨을 표현할 때 쓰는 말
- 만능(萬能) : 온갖 일에 두루 능통함

백성, 평민 '민 (民)'

훈 : 백성, 평민
음 : 민 / 총획 : 5획
부수 : 氏 (성 씨)

民民民民民

民	民	民	民	民
백성 민				
民	民	民	民	民

날말쓰임 민(民)

민요(民謠) : 각 나라에서 오래 전부터 전해내려오는 노래
국민(國民) : 한 나라를 구성하는 사람 또는 그 나라의 국적을 가진 사람

메, 무덤 '산 (山)'

山

훈 : 메(산), 무덤
음 : 산 / 총획 : 3획
부수 : 山 (제 부수)

山山山

山	山	山	山	山
메 산				
山	山	山	山	山

낱말쓰임 산(山)

산하(山河) : 산과 냇물, 자연의 경치
강산(江山) : 강과 산으로, 자연의 경치

마디, 규칙 '촌 (寸)'

훈 : 마디, 규칙
음 : 촌 / 총획 : 3획
부수 : 寸 (제 부수)

寸 寸 寸

寸	寸	寸	寸	寸
마디 촌				
寸	寸	寸	寸	寸

낱말쓰임 촌(寸)
촌수(寸數) : 친족(친척) 간의 관계를 나타내는 수
삼촌(三寸) : 아버지의 남자형제

길, 어른 '장 (長)'

훈 : 길다, 어른
음 : 장 / 총획 : 8획
부수 : 長 (제 부수)

長長長長長長長長

長	長	長	長	長
길 장				
長	長	長	長	長

낱말쓰임 장(長)

장검(長劍) : 옛날, 무기로 쓰던 크고 긴 칼
훈장(訓長) : 글방의 선생

바깥, 외국 '외 (外)'

훈 : 바깥, 외국

음 : 외 / 총획 : 5획

부수 : 夕 (저녁 석)

外外外外外

外	外	外	外	外
바깥 외				
外	外	外	外	外

낱말쓰임 외(外)

외출(外出) : 볼일을 보러 밖으로 나감

야외(野外) : 들판, 들이 있는 곳

흰, 깨끗할 '백 (白)'

白

훈 : 희다, 깨끗하다
음 : 백 / 총획 : 5획
부수 : 白 (제 부수)

白白白白白

白	白	白	白	白
흰 백				
白	白	白	白	白

낱말쓰임 백(白)

백색(白色) : 하얀 빛깔, 하얀 색
표백(漂白) : 일부러 하얀 빛깔로 만드는 일

문, 집안 '문 (門)'

훈 : 문, 집안
음 : 문 / 총획 : 8획
부수 : 門 (제 부수)

門門門門門門門門

門	門	門	門	門
문 문				

낱말 쓰임 문(門)

문패(門牌) : 이름·주소 등을 적어 대문에 다는 패
폐문(閉門) : 문을 닫음, 문이 닫혀 있음을 표시

계집, 처녀 '녀/여 (女)'

女

훈 : 계집, 처녀
음 : 녀, 여 / 총획 : 3획
부수 : 女 (제 부수)

女女女

女	女	女	女	女
계집 녀				
女	女	女	女	女

낱말쓰임 녀(女)
여자(女子) : 여성인 사람
남녀(男女) : 남자와 여자

임금, 임금 노릇할 '왕 (王)'

훈 : 임금, 임금 노릇하다
음 : 왕 / 총획 : 4획
부수 : 玉 (구슬 옥)

王 王 王 王

王	王	王	王	王
임금 왕				
王	王	王	王	王

낱말쓰임 **왕(王)**
여왕(女王) : 여자 임금님
왕국(王國) : 임금(대통령이 아닌)이 다스리고 있는 나라

확인 학습 문제

1. 다음 한자와 그림, 훈과 음이 서로 맞게 연결하세요.

  ○ 학교 교

  ○ 군사 군

  ○ 나라 국

  ○ 임금 왕

2. 빈 칸에 맞는 한자를 <보기>에서 찾아 쓰세요.

<보기> 軍人學校

① '학교 ☐☐'는 학생이 공부하러 가는 곳입니다.

② '군인 ☐☐'은 나라를 지킵니다.

확인 학습 문제

3. 빈 칸에 맞는 한자를 <보기>에서 찾아 쓰세요.

<보기> 韓 寸 女 民

① '한나라'의 뜻을 가진 ☐ 은 '한'이라고 읽습니다.

② '계집, 여자'의 뜻을 가진 ☐ 는 '여, 녀'라고 읽습니다.

③ '민'이라고 읽는 ☐ 은 '백성'이라는 뜻입니다.

4. 비슷한 한자 중에 그림이 가리키는 漢字(한자)를 고르세요.

임금 왕 　① 　② 　③

사람 인 　① 　② 　③

문 문 　① 　② 　③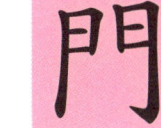

모의 한자능력검정시험

1. 다음 글을 읽고 한자의 독음을 쓰세요.

―――――――――― 〈보기〉 ――――――――――

漢字 ⟶ 한자

① 내 生日은 더운 여름이에요.
② 동생은 내년에 學校에 입학합니다.
③ 해와 달은 東쪽에서 떠오르고 西쪽으로 집니다.
④ 어머니는 金으로 만든 반지를 끼고 계십니다.
⑤ 한 달에 둘째 넷째 土요일은 학교에 가지 않습니다.
⑥ 우리나라는 大韓民國입니다.
⑦ 봄은 三월부터 六월까지 3개월을 말합니다.
⑧ 외국에는 아직 女王이 있는 나라가 있습니다.
⑨ 우리 담임 先生님은 男子선생님입니다.
⑩ 우리나라 軍人들은 늠름하고 씩씩합니다.
⑪ 日요일에는 가족들과 함께 공원에서 운동을 합니다.
⑫ 우리 동네에는 작은 山이 있습니다.

1. 生日
2. 學校
3. 東　　　／西
4. 金
5. 土
6. 大韓民國

7. 三　　　／六
8. 女王
9. 先生　　／男子
10. 軍人
11. 日
12. 山

모의 한자능력검정시험

2. 다음 한자의 훈과 음을 쓰세요.

〈보기〉
字 ⟶ 글자 자

13. 三
14. 月
15. 金
16. 學
17. 山
18. 國
19. 靑
20. 大
21. 中
22. 小

3. 다음에 알맞는 한자를 〈보기〉에서 골라 그 번호를 쓰세요.

〈보기〉
①二 ②火 ③木 ④土 ⑤十 ⑥敎 ⑦室 ⑧王 ⑨母 ⑩外

23. 불 화
24. 흙 토
25. 임금 왕
26. 바깥 외
27. 두 이
28. 집 실
29. 어미 모
30. 열 십
31. 나무 목
32. 가르칠 교

모의 한자능력검정시험

4. 밑줄 친 낱말의 뜻에 맞는 한자를 <보기>에서 찾아 번호를 쓰세요.

───────────── <보기> ─────────────
① 木 ② 軍 ③ 父 ④ 學 ⑤ 四 ⑥ 兄 ⑦ 弟

우리 가족은 <u>네</u> 명이에요.
<u>아버지</u>는 <u>나무</u>를 가꾸시는 취미를 가지고 계시고요,
우리 <u>형</u>은 멋진 군인이 되는 것이 꿈입니다.
저는 피아노를 <u>배워서</u> 세계적인 피아니스트가 되는 게 꿈이랍니다.

33. 넷

34. 아버지

35. 나무

36. 형

37. 배울, 배우다

5. 네모 안에 공통으로 쓰이는 한자를 찾아 번호를 쓰세요.

───────────── <보기> ─────────────
① 國 ② 十 ③ 學 ④ 外 ⑤ 火

38. (   ) ㉠ 유치원을 졸업하면 초등<mark>학</mark>교에 갑니다.
㉡ <mark>학</mark>생들은 공부를 열심히 합니다.

모의 한자능력검정시험

39. (　　　) ㉠ 봄에는 야**외**로 소풍을 갑니다.
　　　　　　 ㉡ 어머니는 지금 **외**출 하셨습니다.
40. (　　　) ㉠ 월드컵 경기 때 대한민**국**을 응원했습니다.
　　　　　　 ㉡ 한자도 우리 **국**어처럼 잘 쓰고 싶어요.

6. 괄호 안에 알맞은 말을 <보기>에서 골라 그 번호를 쓰세요.

<보기>
① 백성
② 어머니
③ 임금
④ 동쪽
⑤ 나라
⑥ 장
⑦ 남
⑧ 십
⑨ 만
⑩ 촌

41. 國은 (　　　)라는 뜻입니다.
42. 東은 (　　　)이라는 뜻입니다.
43. 王은 (　　　)이라는 뜻입니다.
44. 民은 (　　　)이라는 뜻입니다.
45. 母은 (　　　)라는 뜻입니다.
46. 寸은 (　　　)이라고 읽습니다.
47. 長은 (　　　)이라고 읽습니다.
48. 南은 (　　　)이라고 읽습니다.
49. 萬은 (　　　)이라고 읽습니다.
50. 十은 (　　　)이라고 읽습니다.

한자능력검정시험 8급 배정 한자 (50자)

※ 앞에서 배운 50자가 8급 한자입니다.

月	火	水	木	金	土	日	一
달 월	불 화	물 수	나무 목	쇠 금	흙 토	날 일	한 일
二	三	四	五	六	七	八	九
두 이	석 삼	넉 사	다섯 오	여섯 육	일곱 칠	여덟 팔	아홉 구
十	大	中	小	東	西	南	北
열 십	큰 대	가운데 중	작을 소	동녘 동	서녘 서	남녘 남	북녘 북
父	母	兄	弟	韓	國	靑	年
아비 부	어미 모	맏 형	아우 제	한나라 한	나라 국	푸를 청	해 년
學	校	敎	室	先	生	軍	人
배울 학	학교 교	가르칠 교	집 실	먼저 선	날 생	군사 군	사람 인
萬	民	山	寸	長	外	白	門
일만 만	백성 민	메 산	마디 촌	길 장	바깥 외	흰 백	문 문
女	王						
계집 여(녀)	임금 왕						